AF330473

MOYEN LE PLUS SUR

DE

CHASSER LES PRUSSIENS

DE NOTRE TERRITOIRE

Avec des notions sur les causes qui ont précédé
l'invasion des Français en Espagne en 1808,

ET SUR CELLES QUI ONT PRÉCÉDÉ ET ACCOMPAGNÉ L'INVASION DES
PRUSSIENS EN FRANCE

PAR L'ABBÉ RODRIGUEZ

Émigré espagnol.

TOULOUSE

BONNAL ET GIBRAC, IMPRIMEURS,

RUE SAINT-ROME, 44.

1870

MOYEN LE PLUS SUR

DE CHASSER LES PRUSSIENS

DE NOTRE TERRITOIRE

La guerre que la France soutient aujourd'hui contre l'invasion prussienne ressemble dans ses effets, à celle que l'Espagne soutint en 1808 contre l'invasion française, mais les causes qui ont donné lieu à l'une et à l'autre de ces invasions diffèrent et sont diamétralement opposées. Vous en connaissez l'histoire ; il serait donc inutile de les rappeler toutes à votre souvenir. Permettez-moi seulement de retracer les ressemblances et dissemblances qui distinguent entre elles les deux invasions qui préoccupent mon esprit dans le moment critique et alarmant où se trouve le peuple généreux que j'aime et idolâtre.

Constatons rapidement les faits primordiaux qui ont précédé, accompagné et suivi l'invasion française.

Et d'abord le même homme qui devait attirer sur ma patrie les douloureuses épreuves par où elle est passée, devait les susciter et les précipiter par son ineptie et son ambition démesurée. Godoy, jeune ministre et favori chéri de la cour, revêtu de la dignité de Prince de la Paix, voilà le génie malfaisant qui a présidé aux événements qui ont transformé le sol espagnol en un champ de Mars et en a jonché de cadavres la superficie. Chose frappante, les discordes nationales et la chute des dynasties, ont eu toujours à leur tête un génie malfaisant. Je n'ose pas vous nommer les Godoy de votre patrie; 1830 a eu les siens, et les conséquences qui s'en sont suivies ont fatalement érigé en nécessité l'usage d'en avoir.

C'est par l'incurie du ministre Godoy, qui s'était attiré une déclaration de guerre par la République française, que les armées de cette nation entrèrent en Espagne à la fin de 1794, par l'Ébre, et s'avancèrent sur Madrid, ayant à leur tête les généraux Dugommier, Pérignon et Moncey. Cette première invasion fut exécutée par deux armées : l'armée des Pyrénées-Orientales et l'armée des Pyrénées-Occidentales. Les armées espagnoles ayant eu affaire à des troupes aguerries furent forcées de battre en retraite dans les divers combats qu'elles livrèrent à l'ennemi; les journées des 11 et 12 floréal an II, couronnées par la victoire d'une grande bataille, furent cependant un sujet de deuil pour l'armée française dans la perte qu'elle venait de faire du général Dugommier. Le traité de paix de Bâle vint heureusement terminer la guerre et les désastres qu'elle amène ordinairement avec elle.

Le traité d'alliance offensive et défensive qui avait été fait entre les deux gouvernements, français et espagnol, procura à l'Espagne quelques années de repos. Mais le

Prince de la Paix qui avait remplacé le ministre comte d'Aranda n'avait pas les qualités d'homme d'État que ce dernier possédait : son évidente incapacité, sa nullité dans la conduite des affaires politiques lui créèrent des embarras qu'il n'avait pu prévenir. Glorieux cependant de la haute position qu'il occupait, vil esclave des caprices de la reine, il s'en est servi pour avoir un ascendant sans bornes sur la volonté de Charles IV et diriger à son gré et sans contrôle les affaires de l'État. Il y parvint et son orgueil fut pleinement satisfait. Il était naturel que lorsque du rang de garde-du-corps on est parvenu à l'élévation d'une autorité presque royale, l'idée d'aller au-delà eût été de la part de Godoy une témérité impardonnable. Des événements inattendus vinrent cependant changer la marche des affaires européennes. Le grand génie qui s'était révélé à la France, le général Bonaparte, étonna le monde par ses exploits militaires et devint le seul capable de prendre en main le timon du vaisseau de l'État, de le diriger et de le conduire au port où viendraient se briser tous les flots de la mer orageuse qui jusqu'alors l'avaient battu et menacé d'engloutir. La nation reconnaissant en lui un sauveur providentiel abandonna son sort aux inspirations sublimes de cette intelligence colossale et évidemment privilégiée ; aussi cette étoile brillante qui planait sur l'horizon de la France et à laquelle personne n'avait songé encore à donner un nom, le peuple français la baptisa en 1804 : Napoléon Ier, empereur des Français. Il semblait que ce titre revêtu d'une autorité si bien méritée, devait suffire à faire rentrer le conquérant dans un ordre de choses nouveau, à consacrer tous ses moments à jeter le fondement de sa dynastie et à la fortifier par les bienfaits d'une paix durable. Telle ne fut point sa pensée. Souverain de la France, ayant des armées aguerries, animées, fascinées par le prestige de son génie, il crut pouvoir continuer la guerre afin de mieux réaliser le projet dont lui seul connaissait l'importance. Conséquent avec sa politique secrète, Napoléon, en 1806, ouvre la campagne contre la Prusse ; en 1807, une armée d'occupation destinée au Portugal, presque toujours esclave de la politique anglaise, marche de Bayonne sous les ordres du général Junot. L'Espagne, engagée par un traité secret à prendre une part active à la conquête projetée, reçoit avec empressement les troupes françaises dans les grandes villes qui se trouvent sur leur passage. Napoléon qui voulait s'assurer des services que le Prince de la Paix pouvait lui rendre dans un avenir très-rapproché, fit stipuler dans le même traité que le roi d'Étrurie recevrait la province d'Outre-Minho et Duero en indemnité de la Toscane, et que Godoy aurait la souveraineté des Algarves et l'Alentéjo, et tous deux seraient vassaux de Charles IV. Ce traité, au lieu d'inspirer au ministre favori de justes méfiances sur l'avenir de l'Espagne, excita au contraire son ambition, et le titre de roi qu'on lui offrait le rendit l'instrument facile et obligé de celui qui le lui promettait. A partir du jour où l'armée française commença son entrée en Espagne, Godoy, victime de la supercherie de Napoléon, eut l'audace de jeter la discorde au sein de ses bienfaiteurs, en accusant l'héritier du trône, Ferdinand, d'un complot ayant

pour objet le détrônement de son père. Le bon Charles IV eut la faiblesse de croire son infâme ministre ; la
reine partagea l'indignation de son royal époux, persua-
dée qu'elle était, que son favori était incapable de trahir
l'affection qu'elle avait pour lui. Aussi l'amitié qu'ils
avaient pour leur fils Ferdinand se changea en une haine
profonde. Vous connaissez la suite des causes qui ont
amené Charles IV et son fils en France pour y renoncer,
bon gré mal gré, au trône en faveur de Napoléon. Ce
fait inattendu apprend à l'Europe le projet gigantesque
de Napoléon, de créer dans sa famille la souche d'une
dynastie universelle qu'absorbera et reconcentrera en
elle la majeure partie des têtes couronnées de l'Europe.
Le frère de Napoléon, Joseph, nommé aussitôt roi d'Espagne, révèle aux potentats l'ambition démesurée d'un
guerrier fortuné qui va ébranler encore le monde et
faire couler le sang à flots

Le peuple espagnol, apprenant la trahison qui le
prive de son roi, pousse un cri mêlé de rage et de fu-
reur et jure de s'en venger. Il tint parole ce peuple ma-
gnanime, car, après avoir perdu ses principales villes,
ses citadelles et ses vaillantes armées, il conserva son
énergie durant six ans, livrant sans cesse aux armées
françaises des combats de tirailleurs et d'escarmouches
qui finirent par les démoraliser et les décourager.

Voilà les causes de l'invasion française en Espagne
en 1808.

Examinons maintenant quelles sont les causes de l'invasion prussienne en France.

Aux yeux de certains esprits qui ne se donnent pas la

peine de lire les griefs que les gouvernements ont eu à se reprocher dans le passé, ils croient que les motifs déterminants de la guerre actuelle prennnent leur source, pour la Prusse, dans le langage peu diplomatique de notre ambassadeur à Berlin, et de la réponse offensante de Guillaume faite à la France dans la personne de son représentant. En outre, ceux qui jugent les affaires diplomatiques à leur point de vue systématique, ne voient dans l'invasion qui nous occupe que l'amour-propre de deux têtes couronnées, se jouant de la vie des hommes par le seul plaisir de le satisfaire : que sous Louis XIV, roi absolu, on portât ce jugement sur la cause primordiale de quelques-unes des guerres que ce souverain a eu à soutenir, cela serait dans l'ordre des choses possibles ; mais dans les nations où les ministres sont responsables, et leurs actes contrôlés par des chambres constitutionnelles, non, mille fois non, les rois dans ces gouvernements ne peuvent déclarer la guerre à un autre roi par des différends purement personnels. La Prusse ne nous fait donc pas la guerre pour de si misérables motifs.

La Prusse n'aimait point la France : la haine qu'elle lui portait avait pour cause l'invasion des armées françaises en Prusse en 1806 et les ravages qu'elles y ont causés ; cette inimitié s'est perpétuée dans les gouvernements qui se sont succédé en Prusse depuis bientôt 64 ans. Ces divers gouvernements, convaincus à leurs dépens que la France était la première puissance militaire de l'Europe, pour l'égaler et la surpasser, perfectionnèrent leur tactique militaire ; ils firent de chaque citoyen un soldat prêt à prendre les armes ; ils formèrent des

officiers capables de se remplacer dans le commandement supérieur des armées ; ils donnèrent au corps du
génie une instruction si profondément scientifique qu'elle
n'eût rien à envier à aucune autre nation ; et dans l'at-
tente du jour où la guerre éclaterait entre la France et
la Prusse, elle fit tracer des cartes topographiques de
tous les départements français avec une telle exactitude
que les sous-officiers n'ont qu'à y jeter un regard pour
reconnaître les localités qu'ils parcourent. Voilà une des
causes éloignées de la guerre actuelle.

La seconde cause date de plus près, c'est-à-dire de
l'Exposition de Paris.

L'accueil qui a été fait par le souverain français à tous
les potentats, n'a pu que flatter le roi de Prusse et son
ministre : la franchise et la cordialité qui ont régné dans
leur entretien ont dû être pour le roi Guillaume une ga-
rantie de la sincérité de leurs relations à venir. Mais
quelles ont été les prévenances du peuple parisien pour
ce potentat? il a été accueilli partout où il passait avec
une indifférence et un dédain tel, qu'il dut entrevoir dans
un pareil oubli des convenances, le mépris qu'inspirait sa
présence aux philosophes politiques de la capitale. Les
saluts bienveillants et sympathiques qu'on adressait à
l'empereur d'Autriche, comparés avec le silence qu'on
gardait envers le chef de la nation prussienne, ve-
naient confirmer le caractère des chuchotements qui
parvenaient à ses oreilles. Ces circonstances, qui étaient
inapperçues du grand nombre, n'échappaient pas à
des hommes sérieux et prévoyants. Voilà la seconde
cause déterminante de l'invasion que nous subissons

dans ce moment. Soit, direz-vous, mais il reste toujours vrai que la proposition de la demande du neveu de Guillaume pour roi d'Espagne est la cause de la déclaration de guerre du gouvernement français à la Prusse : je vous demande bien pardon : aux yeux du roi de Prussse, le choix dont il s'agit n'en fut que l'occasion depuis longtemps désirée et enfin trouvée. Dans le fonds, le souverain français et son gouvernement ne voulaient pas la guerre ; le ministre Bismarck qui la souhaitait, montra une docilité naïve dans les premières négociations pour pousser le gouvernement français à devenir altier dans ses exigences : il ne se trompa pas dans ses prévisions, et la France tombá dans le piége qu'on lui avait tendu. Bismarck d'ailleurs connaissait les forces militaires de la France ; le maréchal Niel qui seul avait conçu le plan de la formation de la garde mobile était aussi le seul capable de la mobiliser ; mais la mort l'ayant enlevé à la France, la Prusse vit alors presque toutes ses espérances réalisées. Du reste le peuple, divisé en partis, les uns franchement manifestés, les autres, trop timides pour dire à haute voix ce qu'ils voulaient, cachaient, je ne sais pas sous quel voile, les embarras qu'ils créaient au gouvernement établi. Cette irritation des esprits toujours disposés à tout sacrifier pour faire prévaloir, je ne dirai pas leur ambition, mais leur théorie, a valu à la Prusse d'arriver devant Paris sans autre obstacle sérieux que la victoire remportée sous les murs de Sedan. Je garde le silence sur l'état de l'esprit populaire en présence de l'ennemi qui est à nos portes : l'amour des plaisirs et du bien-être individuel, jeta en France avec un luxe effréné un levain d'égoïsme anti-social qui effaça du cœur des citoyens l'amour sacré de la patrie si bien symbolisé dans l'héroïsme de Jeanne-d'Arc conduisant nos armées contre l'invasion anglaise.

Enfin pour me résumer, si des causes qui ont influé sur l'invasion des troupes françaises en Espagne et sur celles qui ont déterminé l'entrée des Prussiens en France, nous passons à l'examen du vrai esprit national chez les deux peuples, lequel des deux l'emporte sur l'autre?

La première année de l'invasion française fut fatale pour l'Espagne, car, comme je l'ai déjà indiqué, toutes nos armées furent détruites, toutes nos grandes villes et toutes nos places fortes tombèrent au pouvoir de l'en-nemi : croyez-vous que ce peuple de dix millions d'âmes tombe dans l'abattement en présence des malheurs qui l'accablent et des désastres qui le menacent? Il court aux armes pour ne les abandonner que lorsqu'il n'y aura plus d'ennemis à vaincre ou à terrasser. Une même pen-sée l'anime : c'est elle qui le dirige dans l'absence de tout gouvernement central et de toute armée organisée ; chaque province cependant en a un, mais invisible à l'ennemi, car il change de lieu à chaque instant. Dans cette impulsion irrésistible de l'amour de la patrie, qui a mobilisé, transformé en soldats jusqu'aux enfants de douze ans ; tout est commun, il n'y a plus de mien ni de tien. Aussi, de cette réciprocité invariable de senti-ments est né le courage, l'espérance de vaincre, la résignation dans les privations, et dans chaque cœur le mépris de la mort qui déconcerte, qui arrête les corps ennemis dans leur marche.

Voyons maintenant ce que vous faites dans l'invasion qui vous opprime. Vous n'avez presque pas d'armée, c'est vrai, mais vous êtes encore un peuple de trente-huit millions d'hommes; vous conservez encore vos principales villes et vos places fortes. Vos ressources sont immenses; il est sans doute certain que vos corps d'armée ayant été détruits, vous ne pouvez plus vous mesurer avec des armées disciplinées, guerrières, victorieuses : que vous reste-t-il à faire dans la position fâcheuse où vous vous rencontrez ? voulez-vous persister dans l'inaction que vous avez conservée jusqu'ici? si cela est ainsi n'en parlons plus Mais n'entendez-vous pas les plaintes de détresse de nos départements du Nord, les cris des enfants mourant de faim, les pleurs des mères et des jeunes filles, dépourvues de toute substance, habitant les forêts, couchant sur la dure, et n'ayant d'autre nourriture que le gland qui tombe des chênes, d'autre vêtement que celui qu'ils avaient emporté en quittant leurs foyers rustiques? Et les larmes de vos frères vous laisseront dans l'état d'inertie qui vous enchaîne! Non, cela n'est pas possible; car, j'en ai la conviction, vous ne voulez pas la domination des Prussiens, vous l'avez en horreur. Eh bien! imitons l'Espagne, à partir de demain, soyons tous soldats; que chacun de nous portant sur nos habits le portrait de Jeanne-d'Arc, jure sur lui de délivrer la patrie des Prussiens, comme elle la délivra du pouvoir des Anglais. Que le même enthousiasme qui s'empara des troupes qui défendaient alors Orléans, dernière place forte qui restait à la France, s'empare de notre esprit pour arrêter et éviter les cala-mités qui pèsent sur les départements envahis. Nous serons forts, parce que nous serons unis, et l'amour de la patrie qui vivifiera notre-union et rallier a nos bataillons, couronnera nos efforts et la sainte cause que nous défendons.

Paris est investi, la majeure partie de nos citadelles résistent encore : pour aller immédiatement à leur secours, voici le plan militaire que la guerre de tirailleurs et d'escarmouches en Espagne m'a suggéré ; que les hommes compétents l'examinent attentivement : qu'ils le remplacent par tout autre plus facile en son exécution et dans ses résultats ; j'y consens, mais toujours à la seule condition qu'on doit renoncer à toute idée de livrer des batailles rangées. Quel que soit l'usage que le gouvernement et le peuple fera des moyens de défense que je propose, j'aurai toujours la profonde satisfaction d'avoir exprimé les sentiments vrais, sincères, qui m'animent envers la France, et à l'indépendance de laquelle mon âge déjà avancé ne me permet d'offrir à son service que les vœux de mon cœur.

Après ces considérations, le fait qui les a suggérées est évident, palpable. Un ennemi puissant, que l'audace et la victoire enhardissent, foule le sol de la patrie ; l'en chasser, voilà le problème à résoudre. Des soldats, des armes et des munitions, voilà les données. Le résultat pour nous sera trois millions d'hommes, des soldats armés et équipés divisés en trente corps de cinquante mille hommes. C'est très-bien ! me direz-vous, mais le plan pour faire mouvoir, habiller, et nourrir un si grand nombre de troupes ! Où est l'arsenal qui puisse fournir immédiatement de l'artillerie à chaque corps d'armée, et les hommes du génie sans lesquels les canons et les mitrailleuses deviendraient inutiles ? Ces observations sont très-judicieuses, mais comme notre but est d'en finir au plus tôt et d'une manière sûre et certaine, nous n'avons pas besoin de tous ces engins destructeurs de l'humanité. On pourrait cependant donner à chaque division de 6000 hommes deux mitrailleuses pour s'en servir dans les rencontres imprévues ; le transport de cet engin étant facile, il ne peut nuire au mouvement stratégique de nos divers corps d'armée. L'idée mère qui doit présider à toutes nos opérations militaires, c'est de renoncer à toute bataille rangée, le grand nombre de nos armées ne nous le permet pas, et la conservation de nos soldats nous fait un devoir d'éviter ces grandes boucheries de chair humaine : voilà le premier point de départ.

Voici le second. Un corps d'observation de six cent mille hommes sera massé dans les provinces rapprochées de la ligne du Rhin ayant pour centre Metz. Chaque corps de cette grande armée sera équipé de tous les engins de la guerre pour s'opposer aux renforts que la Prusse pourrait envoyer. Les deux millions quatre cent mille hommes des troupes restantes seront divisés en corps de cinquante mille hommes subdivisés en petits corps de six mille hommes et formeront une espèce de cordon sanitaire. Tous ces divers corps camperont à une égale distance et de manière à se rallier selon les circonstances. Chaque division de six mille hommes aura quatre cents hommes de cavalerie légère qui feront les fonctions d'éclaireurs, se croisant dans toutes les directions, parcourant toutes les grandes communications pour intercepter, saisir tous les approvisionnements de l'ennemi.

OPÉRATIONS MILITAIRES EN FACE DE L'ENNEMI.

Notre plan étant de faire la guerre en tirailleurs, nous devons contenir le centre des opérations des armées ennemies par le rapprochement d'une partie de nos corps, qui resteront immobiles en observant tous les mouvements, pendant que d'autres corps harcelleraient, attaqueraient les deux ailes droite et gauche, les affaiblissant et les forçant à se replier vers le centre. Les ennemis ainsi refoulés, nos troupes formeraient aussitôt une ligne de circonvolution, en vertu de laquelle elles surveilleraient l'accès de toute subsistance et de tout secours à l'armée ennemie, qui par ce fait serait réduite à périr de faim ou à se rendre. La ligne de circonvolution sera tracée à deux mille mètres et à trois mille mètres le plus, afin que si l'ennemi pressé par sa fâcheuse position prenait des résolutions désespérées, nos troupes les suivissent de près, en conformité du même plan. Donc, point de bataille rangée, affaiblissement des ailes droite et gauche, surveillance des mouvements du centre, toujours loin de la portée de l'artillerie ; reculant dans ce point pour l'attaquer plus sûrement dans un autre, rendant ses tentatives inutiles et le forçant par ce moyen à rentrer dans ses premiers cantonnements pour y mettre bientôt les armes à bas.

Supposons la même armée campant sur une vaste plaine traversée par deux fleuves, au confluent desquels il y ait une ville fortifiée dont ils se sont emparés. Penser à en faire le siége et la prendre d'assaut, ce serait manquer à notre premier plan et nous rendre coupables de la ruine d'une ville , des malheurs de ses habitants et d'une regrettable perte de nos meilleurs soldats. Augmentons notre ligne de circonvolution pour serrer l'ennemi de plus près ; empêchons qu'ils ne reçoivent de secours quelconques par les cours des fleuves, harcelons tous les divers corps ennemis qui rayonnent à l'entour de leur centre, et si leur cavalerie était lancée sur nous, servons-nous alors de nos mitrailleuses pour le tenir en respect. Que nos éclaireurs remplissent avec zèle leurs fonctions ; que nos relations avec les corps d'observation soient exactes et fidèles ; pour ce qui regarde l'armée que nous cernons et surveillons jour et nuit ; c'est une affaire de temps, la famine et les privations dont elle va être la victime la forceront de se rendre ou de prendre la fuite. — Les officiers généraux qui seront chargés de mettre à exécution ce plan seront libres de le modifier selon les circonstances ; mais ils ne pourraient jamais livrer des batailles rangées ; qu'ils se souviennent que reculer pour éviter les désastres qui sont causés par l'artillerie, c'est une victoire remportée sur l'ennemi.

NOUVELLE LEVÉE.

1° Tous les hommes valides à partir de l'âge de vingt ans jusqu'à quarante-cinq, mariés ou non, sont soldats.

2° Les jeunes prêtres de vingt-cinq à trente ans, les sœurs de charité et les religieuses de trente à trente-cinq ans sont tenus de se rendre dans les ambulances et les hôpitaux pour prodiguer leurs soins non-seulement à nos soldats blessés, mais encore aux militaires prussiens, si le gouvernement réclamait leurs services.

HABILLEMENT.

Le costume de nos gardes mobiles sera conforme à celui de l'infanterie avec suppression du pantalon rouge. L'armée étant nationale, les régiments qui la formeront n'auront d'autre distinction que celle du numéro qui sert à désigner chaque régiment en particulier.

CONFECTION D'HABILLEMENT.

1º Chaque canton deviendra le centre où l'on fera toutes les fournitures d'équipement pour tous les gardes mobiles de la circonscription cantonale.

2º Des draps noirs et d'une qualité à pouvoir résister aux saisons pluvieuses et à confectionner les capotes qui serviront de tentes à chacun de nos soldats, seront achetés et transportés immédiatement dans les villes cantonales.

3º Des maîtres tailleurs s'adjoindront tous les ouvriers tailleurs de nos communes rurales, afin de mettre sans retard la main à l'œuvre. Ils formeront un atelier où le travail se fera sous l'inspection de maîtres, et auxquels tous les ouvriers seront tenus d'obéir. Un local spacieux sera mis à leur disposition par le maire du canton, d'accord avec le conseil municipal. Les ouvriers logeront et prendront leur repas dans les divers restaurants et auberges de la ville, et dont les propriétaires ne pourront s'y opposer qu'autant que le local ne le permette pas, mais ils seront tenus de préparer les repas des ouvriers, s'il y a de l'impossibilité à ce qu'ils se nourrissent dans les restaurants où ils logent. Le maire et la municipalité de la ville régleront avec les rautaurateurs le prix de logement et de nourriture, et les frais de ces dépen-

ses seront couverts par un impôt proportionnel aux re-
venus de chaque commune.

4° Les couturières de la ville cantonale se réuniront
sous la direction des sœurs de la Charité pour aider à
confectionner les habillements qui leur seront envoyés
par le maître-tailleur, tout prêts à coudre. Les dames et
demoiselles aisées de la ville seront priées de vouloir
bien contribuer par l'ouvrage de leurs mains à cette œuvre nationale. Les couturières domiciliées en ville seront payées selon les usages de la localité.

5° Un atelier de cordonniers sera formé au canton,
composé de tous les ouvriers cordonniers de toutes les
communes de la circonscription, aux mêmes conditions
spécifiées dans l'article 3.

6° Toutes ces mesures prises et réalisées, les gardes
mobiles seront convoqués au chef-lieu de canton, commune par commune, afin que le maître-tailleur prenne
mesure de l'habillement de chacun d'eux, et dont le
nom, prénom et la commune, ainsi que le nombre de
mètres de drap employés à la confection de chaque objet
d'équipement, soient couchés sur un registre par un secrétaire ou des secrétaires nommés par le maire pour
remplir les fonctions gratuitement. Les mêmes formali-
tés seront remplies par les maîtres-cordonniers, mais
avec une scrupuleuse exactitude, car la chaussure est
une des choses les plus utiles à nos militaires dans la
guerre de tirailleurs et d'escarmouches.

7° La mesure des souliers sera écrite avec exactitude
dans le registre commun, afin qu'elle serve de modèle
au confectionnement des bas et des chaussons qui seront

faits par chaque commune cantonale; nos jeunes filles de onze à douze ans sachant parfaitement tricoter, ce sera un travail facile et bientôt prêt à être expédié à sa destination.

8° Une quête sera faite immédiatement à domicile par le maire et la municipalité; elle consistera en argent ou en toile, en fil, destinée à garnir les sacs des gardes mobiles pauvres, de deux chemises, trois mouchoirs et de quelques bandages qu'ils peuvent utiliser dans les blessures légères, mais incommodes.

9° Aux articles indiqués dans les numéros concernant l'équipement, il faut ajouter la fourniture d'un petit bidon où nos tirailleurs mettront toute espèce de liquide.

10° Cette opération commencera le même jour dans tous les départements non occupés par l'ennemi, et par conséquent dans tous les cantons.

11° En présence des graves circonstances où nous nous trouvons, en présence surtout du manque d'armes et des munitions en tout genre, ce qui constitue l'état d'indolence où nous nous trouvons, il faut que la nation se réveille enfin, et que des mesures promptes et énergiques soient prises sans retard.

12° En vertu de l'isolement où l'on s'est plu à laisser notre armée de Metz, et en présence du danger imminent où elle est, n'attendons pas le confectionnement de nos habillements, ils nous parviendront lorsqu'ils seront confectionnés; partons avec nos habits bourgeois et au chef-lieu on nous fournira une portion de ceux qui nous sont nécessaires.

13° Au moment où j'écris ces lignes, l'ennemi investit

Paris : s'il succombe, les armées prussiennes peuvent s'élancer sur nos provinces pour les ravager. Armons-nous ; que chaque département forme une armée composée de gardes mobiles de vingt à quarante-cinq ans et qu'elle se réunisse au chef-lieu du département ; que les officiers en retraite soient invités à s'y rendre pour enseigner l'exercice de tirailleur à nos militaires. Que les sous - lieutenants, sergents et caporaux qui ont servi, soit en Afrique, soit en France ou en Italie, soient chargés des mêmes fonctions ; que les colonels et lieutenants-colonels en retraite en prennent immédiatement le commandement : que dans les exercices de chaque jour ils simulent la guerre en tirailleurs, qu'ils tracent des lignes stratégiques, simulent les divers cantonnements de l'ennemi, les diverses manières de les harceler, de les surprendre, de les envelopper et de les affamer. Cet exercice ne doit durer que quinze jours. On choisira ensuite le département où viendront converger tous les corps d'armée de chaque département.

14° N'ayant point d'armes à chassepot à notre disposition immédiate, chaque maire fera la réquisition des fusils de chasse à deux coups se chargeant par la culasse ou autrement, et les enverra au chef-lieu de canton avec le nom des propriétaires auxquels ils appartiennent, et la distribution en sera faite aux gardes mobiles de la circonscription cantonale.

15° Les munitions de guerre, comme cartouches, etc., seront fournies par le chef-lieu du département. Notre défense contre la cavalerie de l'ennemi nécessitant des mitrailleuses, il faut un approvisionnement suffisant pour en distribuer deux au moins à chaque régiment. Ces fournitures sont à la charge de la commission militaire centrale séant au chef-lieu du département.

16° Pendant le siége de Paris et jusqu'à l'expulsion de l'ennemi du sol de la patrie, chaque département aura un gouvernement purement militaire composé de vieux officiers supérieurs, y compris le grade de capitaine. Ce sera à eux seuls qu'il appartiendra d'aviser à tous les approvisionnements militaires, tels que chassepots, sabres, cartouches, etc. Tous les frais exigés pour l'entretien de l'armée nationale départementale seront supportés par les départements, à cette fin.

17° Toutes les contributious directes et indirectes seront consacrées dans leur majeure partie aux besoins militaires des départements. Les gardes mobiles qui forment nos armées étant des propriétaires ou fils de propriétaires, d'agriculteurs ou fils d'agriculteurs, les uns célibataires et les autres pères de famille, il est juste que les contributions qu'ils payaient dans l'état de paix soient destinées aujourd'hui à leur subsistance et leur servent de dédommagement aux pénibles évolutions qu'ils seront obligés de faire de jour et de nuit. Du reste, les gardes mobiles, dans les circonstances actuelles, c'est la nation en armes, et c'est par conséquent aux corps ainsi mobilisés de disposer de leur fortune.

18° En conséquence et pour éviter des frais inutiles, le maire de chaque commuue avec trois conseillers les plus hauts imposés et un secrétaire intelligent, tel que l'instituteur primaire, fera la perception des impôts et des droits d'enregistrement dont la minute sera transmise au contrôleur cantonal. Les contribuables pourront se libérer partie en argent, partie en denrées de première nécessité, tels que blés, haricots, pommes de terre et avoine ; tous ces articles seront emmagasinés dans la ville cantonale ; les employés auront un registre de ces divers prélèvements, et communication en sera faite à la commission centrale militaire séant au chef-lieu du département, afin qu'elle puisse en disposer pour subvenir aux besoins de nos armées.

19° Une fois que notre ligne d'observation et de défense sera formée, tous les maires des communes situées à une distance de quatre lieues de notre armée, seront tenus d'établir des courriers à cheval ou à pied selon les circonstances, qui transmettront de commune en commune les mouvements de l'ennemi, afin que par ce moyen nos chefs d'armée en soient prévenus à temps ; et dans les moments d'apparition subite de l'ennemi, ils auront le soin de faire placer, soit sur les clochers des églises, soit sur les arbres les plus élevés, un drapeau rouge disignant l'approche de l'ennemi, ou un drapeau blanc désignant qu'il n'y a rien de changé dans la ligne ennemie.

20° Un réseau de lignes télégraphiques sera établi à terre, suivant ici des lignes droites ou diagonales, là des lignes courbes offrant des garanties pour la véracité des dépêches ; lesquelles lignes aboutiront à tous les chefs-lieux des départements non conquis et de là à tous les cantons. Par ce moyen, on connaîtra la position de notre armée et la demande des provisions dont l'envoi immédiat est de toute nécessité.

21° La commission centrale militaire départementale, indépendante dans ses attributions de l'administration civile, s'entendra avec le préfet toutes les fois que le concours des deux autorités sera nécessaire et indispensable pour le salut public et le bon ordre de l'administration civile dont le préfet est le seul chef.

22° Un corps de réserve de cavalerie de trente mille hommes sera formé en partie d'anciens cavaliers. Ils seront armés d'une carabine ou arquebuse mitrailleuse se chargeant par la culasse : pour s'en servir sans aucun danger, l'arçon de la selle du cheval sera revêtu en dehors d'une plaque en fer assez forte pour résister à la secousse de l'explosion de la décharge que le cavalier fera en appuyant son arme sur l'arçon ainsi fortifié. La seconde arme défensive du cavalier sera le sabre.

Ce corps de cavalerie sera divisé en trois divisions de dix mille cavaliers chacune. Eu égard à la position où nous nous trouvons, la première division sera immédiatement formée. Tous les propriétaires ayant équipage de plaisir seront priés de céder à la patrie ceux de leurs chevaux qui pourront être consacrés à cette arme. Nous leur demandons en grâce ce que l'ennemi leur prendrait par la violence.

La cavalerie manœuvrant en dehors de toute bataille rangée est appelée à rendre de grands services à l'infanterie dans les plaines. Les chefs, toujours esclaves du plan de faire la guerre en tirailleurs, sauront, selon les circonstances, diriger leurs opérations en face de l'ennemi.

23° Toutes les fournitures qui concernent l'équipement de ce corps d'armée seront à la charge de chaque département en proportion d'abord du nombre de chevaux que les propriétaires céderont bénévolement, et ensuite relativement aux ressources dont le département peut disposer.

ASSOCIATION DE TRAVAIL AGRICOLE.

Le préfet convoquera au chef-lieu de chaque canton le Comice agricole auquel se réunira un délégué de chaque commune rurale nommée par le conseil municipal à cet effet. Il sera muni d'une note exacte de toutes les propriétés grandes et petites de la commune. Le nombre de paires de labourage de chaque métairie et le nombre d'hommes valides qui les exploitent. Le manque de bras devenant chaque jour plus menaçant à cause de la guerre, il est urgent que tous les travaux agricoles, y compris le transport des engrais deviennent communs. Ces travaux, si la saison le permet, commenceront le même jour et à la même heure, indiqués la veille ou le dimanche avant au nom du maire ou de ses agents. La nature de ces travaux sera réglée par l'espèce de semis que chaque propriétaire voudra semer. La distribution du travail suivra l'étendue de chaque champ en particulier et du nombre d'hectares ensemencés. Les filles de 16 à 25 ans seront consacrées à l'émottage, selon la coutume reçue dans nos campagnes. Les grandes communes seront divisées en sections.

Ce plan, quoique imparfait, en rendant nul le renouvellement des boucheries d'hommes si horriblement représentées dans les dernières batailles, offre à nos gardes mobiles un genre de combat qui n'a pas pour but les horreurs du carnage, mais la lassitude et les privations qui forceront l'ennemi à se rendre ou à fuir devant nos corps d'armées toujours unis, compactes et réglés dans leurs mouvements et opérations. Il ne faut pas oublier cependant que dans une défense de ce genre, les retraites à propos en face de l'ennemi servent souvent à inutiliser sa stratégie pendant que nos nouvelles positions nous donnent des avantages sur lui.

24o Il serait à souhaiter que les gardes mobiles qui font partie de la classe de 21 à 45 ans fussent organisés selon les instructions faites dans les articles précédents et que le gouvernement fît immédiatement préparer les fournitures de la classe de 45 à 50 ans. Tout le monde est d'accord aujourd'hui que les circonstances graves réclament des résolutions énergiques, et que faute de n'avoir pas agi ainsi, nous avons éprouvé de cruelles déceptions.

Non ; il faut que la Prusse le sache, le peuple français n'a pas besoin d'aller mendier le secours d'aucune autre nation pour le chasser de son sol ; car la France est encore puissante. Les forces viriles de sa population sont intactes, robustes ; que le gouvernement, au lieu de les disséminer comme il a fait jusqu'ici, les reconcentre et forme de tous les corps un seul corps dont le mouvement sur Paris arrête l'audace d'un ennemi qui ne doit ses victoires qu'au petit nombre de nos armées.

Que Guillaume le sache, la véritable, la sincère amie

de la France, n'en est séparée que par les montagnes des Pyrénées. Qu'elle dise un mot et aussitôt un cri unanime de reconnaissance des milliers et des milliers d'émigrés qu'elle a nourris, entetrenus, soulagés et consolés, formeront, en moins d'un mois, une armée de deux cent mille volontaires et dix mille cavaliers andalous qui se feront une gloire et un devoir de combattre à côté de leurs bienfaiteurs.

Voilà déjà 48 ans que celui qui écrit ces lignes habite ce beau pays de France, dont les généreux habitants ont toujours eu un souvenir de tendre amitié pour tout étranger qui venait leur demander le pain de l'exilé. J'ai assisté à tous les événements qui l'ont traversée dans ce demi-siècle; je l'ai accompagnée dans ce mouvement des esprits vers tout ce qui constitue la grandeur d'un peuple; et enfin malgré les diverses luttes qu'elle s'est livrée à elle-même, elle parvint à se placer à la tête de la civilisation des sociétés modernes, et à devenir, pour ainsi dire, l'arbitre de tous les différends politiques qui menaçaient de troubler la paix des grandes nations, ou d'opprimer la liberté des petits états. Son désintéressement égalait sa franchise; aussi sa prépondérance européenne était plutôt due à ces deux dernières vertus qu'à sa renommée militaire.

J'ai vu Paris devenir l'Aréopage des sciences et des arts, et ses illustres savants en tout genre être consultés par toutes les illustrations du globe; et naguère encore mon esprit se délectait à contempler ce mouvement d'attraction irrésistible qui entraînait vers la ville savante tous les souverains, tous les génies du monde, pour

admirer dans l'Exposition générale de toutes les produc-
tions de l'industrie, des arts et des sciences, les progrès
de l'esprit humain. Mais hélas ! le spectacle de grandeur
et de gloire qui avait fait de Paris une Cité européenne,
un Paradis terrestre, a fui loin de moi. Je ne puis plus
la voir, car un épais nuage la voile à mes yeux...

Pauvre exilé, il y a soixante ans, tu versais des larmes
sur les désolations de ta patrie; le ciel te réservait-il
donc encore la profonde amertume de les répandre sur
cette tendre amie qui t'a adopté pour fils, sur les bons
agriculteurs qui t'aiment comme un père, et dont le
sombre avenir qui s'avance vers eux inonde mon âme
de tristes pressentiments.

O Dieu, vous qui avez dans vos mains le sort des
empires; vous qui seul pouvez calmer les ouragans qui
menacent d'engloutir les villes, apaisez les tempêtes qui
emportent violemment le vaisseau vers la rive où le roc
impitoyable arrêterait pour toujours sa course; daignez
nous permettre d'élever notre voix vers vous, et qu'à
l'exemple des nautonniers que vous avez sauvés dans un
autre temps, nous vous adressions dans notre détresse la
même supplique : Seigneur, sauvez-nous, car nous
périssons !

Toulouse. — Typ. de Bonnal & Gibrac.